FACULTÉ DES LETTRES.

COURS

D'HISTOIRE DE LA PHILOSOPHIE MODERNE

(SÉANCE DU 9 MARS 1842).

QUELQUES MOTS SUR M. JOUFFROY,

PAR M. DAMIRON,

PROFESSEUR, MEMBRE DE L'INSTITUT.

Je partagerai, Messieurs, cette séance entre une leçon et un souvenir.

Ce souvenir, vous le devinez, vous me le demandez,
vous l'aurez tel que j'ai pu le tracer à la hâte dans
quelques pages où vous trouverez plus de tristesse que
de soin. C'est par où je finirai.

Je commencerai par la leçon, dont le sujet est, vous
le savez [d'après celui des précédentes leçons, l'analyse du troisième livre de la *Recherche de la vérité*, et
en particulier, dans ce livre, du chapitre qui a pour
titre : *Que nous voyons toutes choses en Dieu*. . . . . .

. . . .

. . . (Suivait dans la leçon cette analyse, terminée
par la citation des dernières lignes de ce chapitre :

« Et parce que sa puissance et son amour ne sont

que lui, croyons, avec saint Paul, qu'il n'est pas loin de chacun de nous, et que c'est en lui que nous avons la vie, le mouvement et l'être : *Nam longè est ab unoquoque nostrûm ; in ipso enim vivimus, movemur et sumus.* »). . . . .

. . . . Belles et saintes paroles, Messieurs, qui prises, non pas au sens que leur prête Spinosa et que Malebranche à son tour pourrait être poussé à leur prêter, mais à celui auquel conduit une plus juste intelligence des rapports de Dieu à l'homme, me font comme une transition, que je ne cherchais sans doute pas, mais à laquelle je ne me refuserai pas, aux quelques mots que je vous ai annoncés et que je vais maintenant vous lire.

Je ne sais, Messieurs, si ce que je vais faire n'est pas bien téméraire de ma part, mais je voudrais vous parler sans trop d'émotion ni de confusion de l'ami que je viens de perdre, et cependant je n'ai guère eu le temps de me recueillir et de me calmer. Il eût peut-être été plus sage d'attendre, et de réserver à sa mémoire un hommage, sinon plus sincère, du moins plus complet et mieux assuré. Mais, d'un autre côté, Messieurs, comment remonter dans cette chaire sans avoir quelques mots à donner à celui que j'y ai remplacé, et dont le nom, partout où il a paru, mais ici particuliérement, a mérité et doit recevoir un prompt et digne honneur.

Ce que j'ai, au reste, à vous dire ne sera rien que de bien simple. Je crois fermement à deux choses sur le présent et l'avenir de l'homme : je crois à l'épreuve dans cette vie, et à la justice dans l'autre. C'est de cette double vérité que je veux faire l'application à la destinée de mon ami : c'est vous avertir que vous ne trouverez dans ce peu de tristes paroles qu'une leçon qui n'est point nouvelle pour vous, et que je n'ai pas, Dieu merci, attendu jusqu'à ce jour pour vous proposer et vous faire entendre.

Ainsi vous n'aurez de moi, Messieurs, au moins pour le moment, ni une notice ni un éloge, vous n'aurez qu'un enseignement.

Vous n'oublierez donc pas ce que je veux faire; ce n'est ni un récit ni un panégyrique, c'est une méditation, dont le texte et la matière seront quelques circonstances seulement de la vie de M. Jouffroy, prises à dessein entre toutes les autres pour servir de confirmation à une doctrine qui m'est chère, et à laquelle j'aime à revenir, parce qu'elle est de celles qui consolent, fortifient et soutiennent l'âme, de sorte que, si vous entrez sérieusement dans mes pensées, et que vous partagiez mes convictions, vous me saurez peut-être gré de vous avoir associés à ce retour à des idées qui, je le crois, ne peuvent jamais être mauvaises à personne.

Je n'avais pas d'ailleurs d'autre moyen d'accomplir le triste devoir auquel je me suis résigné : car, si, il y a quelques jours, à la suite de ces graves funérailles, que rendait si imposantes le recueillement intelligent, affectueux et religieux, des nombreux amis qui s'y pressaient, devant cette tombe où le même recueillement suivit et laissa celui que nous pleurions, il m'avait fallu prendre la parole, je n'en doute pas, Messieurs, les mots m'auraient manqué. Aussi ai-je dû attendre que, remontant dans cette chaire, j'y eusse revu, pour me raffermir, le ciel encore bien austère, mais cependant un peu plus serein, de la raison et de la philosophie.

Je veux suivre, comme je vous l'ai dit, dans son application à quelques circonstances de la destinée de M. Jouffroy, la doctrine qui enseigne l'épreuve en cette vie et la justice dans l'autre.

Dans ce dessein, je pourrais peut-être chercher et trouver dans son enfance des signes déjà sensibles qui annonceraient que cette âme d'élite, de si bonne heure curieuse, rêveuse et recueillie, était dès lors inquiétée de ces tourments de la pensée, dont plus tard, à sa gloire sans doute, mais aussi trop souvent au prix de son repos, elle fut si profondément agitée et travaillée; et je les reconnaîtrais à cette passion de la lecture qui, tout jeune, le possédait au point de lui faire oublier les jeux et les plaisirs de son âge; à cette vive imagination qui, les livres fermés, lui remettait sous les yeux les tableaux qu'il y avait vus, les faisait revivre, les animait, et, comme il le racontait, les répandait pleins de mouvement autour de lui sur ses montagnes; à ce besoin d'analyse qui, comme il le disait aussi, le portait à rechercher, et, ajoutait-il en souriant, quand on y mettait quelque complaisance, à retrouver jusqu'aux impressions de cette vie confuse, mystérieuse, passée au sein de la mère; je les reconnaîtrais également à ce sérieux souci du bien qui, dans la liberté d'éducation qu'il ne cessa jamais d'avoir, le régla toujours de manière à imprimer à sa conduite un caractère de mesure, de réserve chaste et digne, dont jamais il ne se relâcha; enfin je les reconnaîtrais à tous ces sentiments élevés, fermes et doux à la fois, dont plus tard et à l'âge d'homme les principaux traits se marquèrent par une certaine fierté d'humeur, heureusement mêlée à une grâce pleine de charme; par une disposition toujours prête à prendre part au bonheur d'autrui, soit pour le goûter, soit pour le procurer, et par un commerce d'amitié d'un agrément infini et d'une sûreté à toute épreuve.

Mais je ne veux pas m'arrêter sur des temps et des exemples toujours un peu indécis, et dans lesquels l'expérience, passez-moi l'expression, que je veux soumettre à votre jugement, pourrait ne pas vous paraître assez significative et assez claire.

Je passe donc de suite au moment où, il y a aujourd'hui 27 ans environ, je rencontrai et connus à notre chère École normale le jeune homme avec lequel je me liai dès lors pour la vie. A partir de ce moment je puis dire plus sciemment la part qu'eut l'épreuve dans cette âme ; je ne dirai cependant pas tout ; quand je le voudrais, je ne le pourrais pas : je me bornerai à ce qu'il me sera le plus facile d'exprimer et de rendre.

Il est une situation d'esprit que connaissent bien ceux qui se sont livrés à de fortes études philosophiques, que j'ai essayé ailleurs de décrire, et que je vous demande la permission de vous rappeler ici, parce qu'elle me semble parfaitement convenir à M. Jouffroy. Il y a pour le penseur, dans la voie qu'il parcourt, les obscures questions qui, à mesure qu'il avance et touche de plus près dans ses recherches aux limites et au fond des choses, l'arrêtent et le troublent à chaque pas davantage. Qu'en présence de ces problèmes il hésite et recule ou s'élance et se précipite, qu'il s'abstienne ou qu'il ose, il ne peut garder l'esprit serein, et il est à peu près inévitable qu'il ne tombe pas dans de grands découragements ou de terribles appréhensions : car devant ces ténèbres, timide ou téméraire, il se sent également faible ; le doute lui est un grand mal, mais le dogmatisme hasardeux ne lui est pas une moindre peine. Epreuve quand il n'affirme pas faute de voir assez clair, épreuve quand il affirme sans savoir et s'assurer, telle est sa condition. Est-elle facile et douce ? est-elle exempte de ces fatales, disons mieux, de ces divines et salutaires nécessités par lesquelles la Providence provoque et excite dans l'homme l'exercice de la raison ? Eh bien ! Messieurs, c'est dans une telle situation qu'en intelligence de premier ordre, et en disciple d'un maître qui ne laissait guère de repos à ceux qu'il voyait capables de ses fortes et vives impulsions, M. Jouffroy se trouva de bonne heure placé, et que, laborieusement exercé aux grandes difficultés de la science, il sut, de luttes en luttes et de travaux en travaux, déployer et affermir ces qualités éminentes, cette sobriété de jugement, ennemi de toute hypothèse, cette parfaite indépendance, ce besoin impérieux de s'entendre avec soi-même et de voir clair en toutes choses, qu'a si bien loués M. Cousin. « Qualités éminentes, a-t-il dit, qu'il n'emprunta à personne, et qui développées par une culture régulière et assidue, et transportées successivement sur de dignes théâtres, lui ont composé une renommée solide et lui donnent un rang à part et très élevé dans l'enseignement public et parmi les écrivains philosophiques de notre temps. Il était chez nous le véritable héritier de La Romiguières. Parmi les étrangers il le faut mettre entre Reid et D. Stewart, semblable à l'un par le sens et la gravité, à l'autre par la finesse et par la grâce. Nul ne posséda ni surtout ne pratiqua mieux la vraie méthode philosophique, la méthode d'observation appliquée à l'âme humaine. Il interrogeait la conscience avec tant de bonne foi et tant de sagacité, il en exprimait la voix avec tant de fidélité, qu'en l'écoutant ou en le lisant on croyait entendre la conscience elle-même racontant les merveilles du monde intérieur de l'âme dans un langage exquis, pur, lucide, harmonieux. Son style, comme ses paroles, éclaircissait, ordonnait, gravait toutes ses pensées. Il était, sans contredit, le plus habile interprète que la science pût avoir non seulement dans l'école, mais auprès du monde, solide et profond parmi les doctes, et en même temps accessible. » — Ainsi s'est exprimé M. Cousin en rendant les derniers devoirs au disciple et à l'ami qu'il venait de perdre si prématurément.

Mais M. Jouffroy n'eut pas seulement à penser pour son propre compte, il eut aussi à penser pour les autres, c'est-à-dire à professer. Or c'était là aussi pour lui être éprouvé. Permettez-moi encore ici de vous redire à peu près ce que je vous disais dans une autre occasion. Nos fonctions ne sont pas un repos ; et je ne parle pas de ce qui paraît, de ce dont vous êtes aisément juges, de ce zèle extérieur que commande le vôtre, de ce soin de la parole que vous avez droit d'exiger, de cette assiduité exemplaire qui n'est pas moins dans nos

devoirs, toutes choses qui ne sont pas sans d'amers dé-
goûts, et quelquefois d'invincibles, et j'oserai même dire
de légitimes répugnances ; mais je parle de ce qui est
secret, de ce que vous devez ignorer, à moins que vous
n'ayez vous-mêmes passé par cette épreuve. Eh bien !
il y a là des peines, des soucis et des tourments, qui,
pour être cachés et comme ensevelis dans la conscience,
n'en sont pas moins sensibles, et le sont même d'autant
plus qu'ils peuvent moins se confier et s'adoucir par le
partage. La raison y trouve donc un sévère exercice,
qui en dernière fin lui est utile, mais qui provisoire-
ment lui est un dur et un austère apprentissage. En effet, Messieurs, qu'est-ce qu'enseigner, dans la haute ac-
ception qu'emporte avec lui ce mot ? qu'est-ce qu'enseigner ? C'est, avec la sainte obligation d'être plus près de
la vérité que ceux auxquels on s'adresse et qu'il faut y
conduire, avoir mieux que la volonté, avoir le talent de
les y mener ; c'est avoir la vertu, permettez-moi l'expression, de la faire connaître et aimer ; c'est la possé-
der pour la donner, c'est savoir comment la donner ;
c'est chercher, c'est trouver, c'est s'assimiler des âmes
dignes de la recevoir et de la comprendre ; et si Dieu
n'est en effet que la vérité elle-même, la vérité des vé-
rités, c'est aller tour à tour de Dieu à l'homme et de
l'homme à Dieu, pour rendre l'un intelligible à l'autre,
et celui-ci intelligent de celui-là ; le dirai-je, c'est exer-
cer une espèce de sacerdoce, dont paraît investi celui
qui prend ainsi sur lui d'intervenir doctement entre le
Créateur et la créature pour les mieux rapprocher dans
une communion toute spirituelle. Or, s'il en est ainsi,
si je n'estime pas trop haut la charge qui nous est im-
posée, jugez, Messieurs, en supposant que nous n'en
soyons pas tout à fait indignes, quels scrupules et
quelle sollicitude doivent se mêler à nos études, quelles
inquiétudes à nos recherches, quelle gravité à nos mé-
ditations ; jugez de ce qu'il en est quand, après tout ce
travail, il nous arrive de douter, soit des choses, soit

de nous-mêmes, soit aussi de ceux qui viennent nous
écouter ; et lors même que nous parvenons à avoir inté-
rieurement quelque confiance en nos idées, le moment
venu de paraître, et de parler au public, quelles
dernières et plus tristes craintes ne nous assiègent pas
l'esprit, quelle fièvre impatiente ne l'excite et ne l'agite
pas, heureux encore quand elle ne va pas jusqu'au trouble et à la confusion ! Voilà, Messieurs, notre métier ; dites s'il n'est pas une épreuve ; dites si surtout il n'en fut
pas une pour l'esprit généreux que nous avons perdu, et
qui l'accepta et le pratiqua autant que lui permirent
ses forces, avec un dévoûment et une application qu'il
ne déploya pas moins dans l'obscurité d'une classe de
collége que dans les conférences de l'Ecole normale, et
dans le secret de l'intimité que dans l'éclat de cette
chaire. Je respecte trop, Messieurs, sa mémoire et sa
noble vie, je respecte trop aussi votre équité et vos lu-
mières, je ne dis pas pour justifier, mais même pour
expliquer ces interruptions de ses cours auxquelles il
était condamné : la raison en est aujourd'hui malheureusement trop manifeste. Mais cependant il faut bien
dire combien ces longs silences, commandés par la pru-
dence, l'affligeaient et le décourageaient ; et combien
aussi, quand il lui arrivait, se faisant il est vrai illusion,
de croire à de meilleurs jours et à un retour heureux
à sa chaire, il se ranimait à cette pensée. Je me souviens que, l'an dernier, quelques jours avant le fatal
voyage dont il devait revenir plus languissant, nous
rêvions ensemble, en conversant, la reprise de ses leçons, moi l'exhortant et me félicitant, lui se confiant et
espérant. Avec quel zèle simple et sérieux je le voyais
se proposer cette nouvelle occasion de répandre des
idées utiles et de servir efficacement la cause de la philosophie ! Mais Dieu avait disposé que l'épreuve sous
cette forme avait assez tiré de lui ; il ne devait plus enseigner.

Pourquoi ne vous rappellerais-je pas aussi comment,

en 1822, quand, frappé par la mesure qui, en détruisant l'École normale, lui fermait, au moins momentanément, la carrière de l'instruction publique, il se vengea, en homme de science, de la disgrâce qui l'atteignait? Que fit-il, en effet, Messieurs? Il rétablit en son nom et à huis-clos, pour une réunion d'esprits d'élite, ces leçons pleines d'intérêt qu'on avait fait la faute de lui interdire dans les écoles de l'état. Le professeur persévérant honorait ainsi noblement le professeur injustement et vainement persécuté. C'est que, comme l'a bien dit notre commun maître, « l'âme des travaux de M. Jouffroy était un vif sentiment de l'excellence et de la dignité de la philosophie; trop sage pour rechercher le bruit qu'on fait parmi la foule, il aimait profondément la science à laquelle il avait voué sa vie; il l'aimait de cet amour fidèle qui résiste au malheur et peut braver la prospérité. »

Sa santé, jusqu'à l'âge de vingt-quatre ou vingt-cinq ans, avait été assez ferme; une première maladie, en grande partie causée par le travail et l'étude, et aussi par ces tristesses de l'enfant de montagne exilé loin des siens, dont il n'était pas toujours le maître, commença à l'ébranler; la profonde atteinte dont il fut frappé à la mort de son père la troubla gravement, et, depuis, jamais elle ne fut bien rétablie que par intervalles et en apparence; elle ne lui fut plus de bon service. Or, Messieurs, soyez-en sûrs, ce fut là aussi pour lui une bien longue et bien dure épreuve; et je ne parle pas même du mal physique, qu'il avait cependant à souffrir avec toutes ses autres peines, mais je parle du mal moral, de ce mal qui lui venait du corps, mais qui le blessait dans son esprit, dans ce qu'il avait en lui de plus intime et de plus vif, dans ses plus légitimes désirs et ses plus justes espérances. Il voulait et ne pouvait pas, il ne pouvait pas quand il voulait; il sentait la force lui manquer et ses organes l'assujettir aux caprices et aux variations de leur état chancelant; il voyait

le temps lui échapper moins rempli de ses œuvres, et
cependant il avait de quoi le bien remplir, il avait
versé dans ses leçons des trésors d'idées qu'il n'avait
qu'à recueillir; il en gardait en lui qu'il n'avait qu'à
répandre, il n'avait qu'à écrire; et, je puis vous le
confier, quand le moment en était venu, quand il était
prêt, et sans trouble du côté de la nature, il écrivait
avec une facilité et une rapidité merveilleuses, et en
même temps avec une sûreté, une précision et un
achèvement qui pourraient sembler de la patience, et
qui tenaient, au contraire, de l'improvisation. Quand
une fois la source a jailli, me disait-il un jour, ou
quand la digue est rompue, je ne m'arrête pas et je dé-
borde à flots dans mon sujet; tant en lui l'abondance
était féconde et forte, tant la pensée lui venait comme
toute faite et toute développée; et c'était ce talent qu'en-
chaînaient ou ne laissaient libre et puissant que par mo-
ments rares et irréguliers, soit le sentiment du mal,
soit quelquefois même seulement la mélancolique rêve-
rie qui lui restait de ce sentiment. Or, n'était-ce point
là pour lui un supplice bien douloureux! — Un supplice? Non, Messieurs, si nous voulons parler rigoureusement : car qu'avait-il fait à Dieu pour avoir été
ainsi affligé par lui, soit peut-être dès sa naissance, soit
au moins dans des circonstances qui n'appelaient point
un châtiment? Ce n'était donc pas un supplice, mais
c'était une rude épreuve. Il s'y résignait toutefois, et il
la supportait au moyen d'un de ces motifs dont mieux
qu'un autre il pouvait se soutenir, je veux dire au
moyen de la foi en la Providence et en cette éternité vi-
vifiante qu'elle devait lui ménager pour réparer les re-
tards et lever les empêchements apportés présentement
à sa vive pensée. De sorte qu'après tout, Messieurs, si
nous en jugeons d'après cette croyance, la perte n'a
pas été pour lui, qui a maintenant les siècles sans fin
et de divines facilités pour se développer et se perfe-
ctionner; elle a été pour nous, qu'il a laissés privés de

son grand esprit et des beaux témoignages qu'il en
pouvait encore donner.

Mais, Messieurs, M. Jouffroy, comme au reste avec
lui bien d'autres dans tous les rangs et dans tous les
partis, fut encore éprouvé d'une plus cruelle façon.
Eut-il l'ambition politique? Je pourrais l'avouer, car
elle eût été chez lui légitime et bien placée. Mais s'il
l'eut, ce fut malheureusement sans certaines des con-
ditions qu'elle impose et entraîne; ce fut sans cette ca-
pacité ou ce soin des ménagements, sans cette conduite
et ces pratiques, sans tous ces moyens divers de dé-
fense ou d'attaque qui en font à la fois le succès et la
sûreté. Il l'eut comme une idée, et non comme une
action; il l'eut inoffensive, solitaire et désarmée, et,
qu'on me permette le mot, dans l'innocente sécurrité
de la pure spéculation. Et voilà pourquoi, le jour où ,
imprudemment peut-être, mais du moins loyalement,
il se laissa aller à une démarche qui le jeta dans l'a-
rène, quoiqu'il ne fît, au fond, que ce que bien d'autres
auraient fait, à la manière dont il le fit, il trouva,
à son grand étonnement, peu d'auxiliaires pour le
soutenir, beaucoup d'adversaires pour l'attaquer. Pourquoi? parce qu'il n'avait pas ce qu'il fallait pour ral-
lier ou raffermir les uns, contenir ou braver les autres; parce qu'il n'avait pas cette habileté, il faut le
dire, un peu mondaine, qui ne vient pas toujours de
la meilleure et de la plus noble estime des hommes,
mais qui est souvent nécessaire pour les conduire et
les gouverner; parce qu'il avait des vues, et point de
menées, et qu'en croyant sincèrement s'adresser à des
intelligences, il oubliait un peu trop qu'il s'adressait
aussi à des passions. Voilà donc quelle fut sa situation:
elle fut triste et difficile; et, s'il ne l'avait pas bien
prévue, il ne tarda pas à la sentir; il la sentit doulou-
reusement, il en souffrit profondément : c'est ce qui
a pu faire dire à M. le ministre de l'instruction publique, dans le discours plein de sens, de délicatesse et de

regrets, qu'il a prononcé sur sa tombe, ces mots simples et justes : « Dans cette épreuve de la vie publique, il obtint plus de considération que de bonheur. » Je ne veux point trop m'avancer dans ces tristes réflexions, je ne veux pas trop pénétrer là où je ne pourrais trouver que mystère et obscurité; mais je ne puis toutefois m'empêcher de me demander si les émotions dont fut alors agitée cette âme fière, peu manifestées et sévèrement contenues au dehors, ne firent pas au dedans invasion et ravage, et ne portèrent pas dès ce moment, aux siéges essentiels de la vie, ces troubles et ces atteintes qui restèrent sans remède. Dieu seul le sait. Mais, quoi qu'il en soit, une dernière et longue épreuve attendait M. Jouffroy.

Il y a six mois à peu près, au retour du court voyage qu'il fit dans ses chères montagnes, il parut languissant, affaibli, fréquemment pris de fièvre et de malaise; trois mois après, il gardait le lit, et encore trois mois, il n'était plus. Et cependant il voyait son mal, il le jugeait, je dirais même qu'il le discutait; comme en une question de philosophie, il embarrassait de sa nette et vive logique ceux qui ne pensaient pas ou feignaient de ne pas penser comme lui; il ne se rendait pas aux plus douces et aux plus pressantes consolations, parce que ce n'étaient pas des raisons; il y souriait tristement, mais il n'y croyait pas, et, soit dans son langage muet, d'un coup d'œil, d'un geste, soit quelquefois même en paroles explicites et directes, il concluait toujours rigoureusement à quelque chose de funèbre. Je me souviens qu'un de ses derniers jours, comme je pensais lui avoir enfin produit quelque illusion, il me dit : « Mon ami, soyez sûr que je suis mal, très mal ; cela tient à différentes causes. » Il se sentait donc mourir, et mourir à son âge, en pleine vigueur d'esprit, dans toute la force et toute la maturité de la vie philosophique; il se sentait retiré d'un monde où il avait encore quelque chose à faire, où il avait

à prendre soin de plus d'une destinée, et de celles dont
la famille l'avait fait la Providence, et de celles dont la
science l'avait institué un des guides. Il pouvait donc
bien dans ces pensées garder encore, comme toujours,
l'esprit lucide et calme, mais qu'il devait avoir le cœur
affligé et troublé ! Et cette épreuve s'est prolongée du-
rant de longs jours et de sinistres nuits ; elle a duré
jusqu'à sa dernière heure, croissante, pressante, lui
laissant toute conscience, et lui enlevant toute espérance, toute espérance terrestre du moins : car de
l'autre côté il espérait, comme il aimait, comme il
croyait. Cette épreuve a donc été plus décisive qu'au-
cune autre, elle a eu tout le caractère d'une de ces
voies de la Providence que Dieu suit pour susciter
dans ses meilleures créatures des vertus d'un ordre
à part, les vertus de la bonne mort. Il faut bien
l'entendre ainsi, car autrement qu'eût-ce été de
mourir ainsi plein de jours pour le bien et avec tant
de raisons de garder et d'appliquer sa vie à tous les
plus nobles buts que puisse se proposer l'humanité ? La
mort pour la mort n'est point une explication ; mais la
mort pour la vie, c'est-à-dire l'épreuve sous sa dernière et funèbre forme, en est une, au contraire, qui sa-
tisfait à la fois le cœur et la raison dans ce qu'ils ont
de meilleur.

M. Jouffroy a donc subi la loi commune de l'humanité, c'est-à-dire qu'il est mort comme il a vécu dans
l'épreuve. Mais également selon cette loi, qui, si elle
assujettit l'homme à la douleur, ne l'y assujettit pas
exclusivement, et lui fait aussi pour le soutenir, et en
raison de ses mérites, comme une sorte d'avance sur
le bonheur infini que l'éternité lui réserve, il eut bien
ses douces joies. Il eut celles de la pensée alors que,
dans l'enthousiasme et l'élan de la jeunesse ou dans la
puissance de l'âge mûr, il s'élevait d'inspiration, ou
par l'analyse et le raisonnement, à l'intelligence ou la
découverte de quelque grande vérité ; il eut celles de la

parole, quand, dans quelques unes des belles leçons dont il ravissait son auditoire, il entraînait les esprits par la lumière et le mouvement, l'éclat et l'élévation de son noble discours; il eut les saintes joies de la famille, de l'amitié et de la religion, et, parmi toutes ces félicités, il fut toujours exempt de ces tristesses fâcheuses qui naissent des mauvaises passions, de la haine, de l'envie; de ce côté il fut heureux, heureux comme il est donné de l'être aux généreuses et grandes natures.

Mais après tout, cependant, sa vie fut une épreuve.

Que fera donc Dieu de cette destinée qui lui vient ainsi toute préparée pour la justice et la récompense? La terminera-t-il à la tombe? La brisera-t-il là où il semble si juste qu'elle doive se continuer et se renouveler? Mettra-t-il au néant ce qui a tout droit de durer? Quand de quelque chose de bien il peut faire quelque chose de mieux, procédant à contre-sens de son caractère de créateur, du bien fera-t-il le moins bien, ou plutôt du bien ne fera-t-il rien? Ne recueillera-t-il pas pieusement ces grandes facultés dont il s'est plu à douer une de ses créatures d'élite, qu'il a suscitées en elle par la grâce et développées par l'épreuve? Ne les recueillera-t-il pas pour l'éternité? Ne les prendra-t-il pas pour les conserver dans cette vive unité qui les a produites et portées, avec ce qui en fait véritablement l'essence et la vertu, je veux dire la conscience, la liberté et la personnalité? De toutes les forces de ma raison et du profond sentiment que j'ai du bien, du vrai, de l'ordre et de la Providence, je repousse un tel doute. Pâle fleur qu'il vient d'abattre, il ne t'a pas brisée sans retour, et, de la même main qu'il t'a un moment flétrie et dépouillée, il te relèvera plus brillante et ornée de plus de dons qu'il ne t'en avait conféré; il ne t'a pas perdue, il ne t'a que transplantée; tu nous resteras dans l'éternité. C'est là ma ferme espérance. C'était aussi celle qui respirait dans des pa-

roles que je regrette de ne pouvoir vous citer que par
lambeaux, car elles valent surtout par l'ensemble du
discours dont je les tire. « Cette vie, disait l'orateur en
s'adressant en un jour de fête aux jeunes gens qu'il
couronnait, cette vie, je l'ai en grande partie par-
courue; j'en connais les promesses, les réalités, les
déceptions; vous pouvez me rappeler comment on
l'imagine, je veux vous dire comment on la trouve.....
On la croit longue, elle est très courte : car la jeunesse
n'en est que la lente préparation, et la vieillesse n'en
est que la plus lente destruction. Dans sept à huit ans
vous aurez entrevu toutes les idées fécondes dont vous
êtes capables, et il ne vous restera qu'une vingtaine
d'années de force pour les réaliser. Vingt ans ! c'est-à-
dire une éternité pour vous, et en réalité un moment...
Votre âge se trompe encore d'une autre façon sur la
vie : il y rêve le bonheur, et celui qu'il y rêve n'y est
pas..... Ces nobles instincts qui parlent en vous et qui
vont à des buts si hauts, ces puissants désirs qui vous
agitent, comment ne pas croire que Dieu les a mis en
vous pour les contenter, et que cette promesse, la vie
la tiendra? Oui, c'est une promesse; c'est là la promesse d'une grande et heureuse destinée, et toute l'at-
tente qu'elle éveille en votre âme sera remplie; mais
si vous comptez qu'elle le sera en ce monde, vous vous
méprenez.....

» Pardonnez-moi, dans un jour si plein de joie pour
vous, d'avoir arrêté votre pensée sur des idées aussi
austères. C'est notre rôle à nous, à qui l'expérience a
révélé la vérité sur les choses de ce monde, de vous la
dire. Le sommet de la vie en dérobe le déclin; de ses
deux pentes, vous n'en connaissez qu'une, celle que
vous montez; elle est riante, elle est belle, elle est par-
semée comme le printemps. Il ne vous est pas donné
comme à nous de contempler l'autre, avec ses aspects
mélancoliques, le pâle soleil qui l'éclaire, et le rivage
glacé qui la termine. Si nous avons le front triste, c'est

que nous la voyons. Vivez, jeunes gens, dans la pensée
que vous la descendrez comme nous. Faites en sorte
qu'alors vous soyez contents de vous-mêmes; faites en
sorte surtout de ne point laisser s'éteindre dans votre
âme cette espérance que nous y avons nourrie, cette
espérance que la foi et la philosophie allument, et que
rend visible par delà les ombres du dernier rivage
l'aurore d'une vie immortelle. »

Ces paroles, Messieurs, sont de lui; vous les eussiez
reconnues quand je ne vous l'eusse pas indiqué. Rap-
prochées de l'événement dont elles expriment comme
le confus et funèbre pressentiment, elles lui appar-
tiennent trop intimement pour que vous ne les lui eussiez pas rapportées; il les aimait, je me le rappelle, et
il me disait que depuis long-temps il n'en avait pas trou-
vé qui convinssent mieux à son âme. Raison de plus,
Messieurs, pour y croire fermement; c'est, à dix-huit
mois de date, comme le testament spirituel d'un homme
qui savait à la fois ne point se faire illusion, et cependant espérer. Acceptons-le comme l'expression d'une
haute et droite intelligence, qui dans la question la plus
grave que puisse se poser l'humanité ne jugeait plus
de la vérité comme d'une chose de pure spéculation,
mais comme du principe, de la règle et du soutien de
sa vie, qui jugeait par conséquent en toute sincérité
et en toute conscience, et par conséquent aussi avec
toute sagesse. Acceptons-le, et, autant que possible,
tournons-le à consolation. La perte est grande pour
nous; mais songeons que devant Dieu elle est répara-
ble, qu'elle est réparée. Adieu donc, ô mon ami! adieu
dans toute la simplicité et toute la profondeur du mot;
je n'ai rien de mieux à dire en te quittant.

Imprimerie de GUIRAUDET et JOUAUST, rue Saint-Honoré, 315.